Avec les prix d'adjudic
5 février 1895

CATALOGUE

D'ESTAMPES

ANCIENNES DU XVIIIe SIÈCLE

PIÈCES HISTORIQUES

VUES DE PARIS

ET CHATEAUX DE FRANCE

DONT LA VENTE AUX ENCHÈRES PUBLIQUES AURA LIEU

HOTEL DES COMMISSAIRES-PRISEURS, RUE DROUOT, 9, SALLE N° 9

Le Mardi 5 Février 1895

à trois heures.

Me MAURICE DELESTRE	M. JULES BOUILLON
Commissaire-priseur	Marchand d'Estampes de la Bibliothèque nationale
27, RUE DROUOT, 27	RUE DES SAINTS-PÈRES, 3

PARIS

IMPRIMERIE D. DUMOULIN ET Cⁱᵉ

5, RUE DES GRANDS-AUGUSTINS, 5

CATALOGUE
D'ESTAMPES

ANCIENNES DU XVIIIe SIÈCLE

PIÈCES HISTORIQUES

VUES DE PARIS

ET CHATEAUX DE FRANCE

DONT LA VENTE AUX ENCHÈRES PUBLIQUES AURA LIEU

HOTEL DES COMMISSAIRES-PRISEURS, RUE DROUOT, 9, SALLE N° 9

Le Mardi 5 Février 1895

à trois heures.

Par le ministère de M° **MAURICE DELESTRE**, commissaire-priseur,
Rue Drouot, 27.

Assisté de M. **JULES BOUILLON**, marchand d'estampes de la Bibliothèque
Nationale, rue des Saints-Pères, 3

PARIS, 1895

CONDITIONS DE LA VENTE

Elle sera faite au comptant.

Les acquéreurs payeront CINQ POUR CENT en sus des enchères applicables aux frais.

M. BOUILLON, chargé de la vente, se réserve la faculté de réunir ou de diviser les lots.

L'ordre du Catalogue sera suivi.

DÉSIGNATION

ESTAMPES

ANONYME

1 — Conversation de Madame Necker avec Madame la Princesse de P... Vignette in-8. Rare.

AUBRY (d'après A.)

2 — Les Adieux de la nourrice, par R. Delaunay. Belle épreuve.

AUDOUIN DESNOYERS et LONGHI

3 — Jupiter et Antiope, d'après le Corrège, — Nymphes au bain, d'après Lithiers, — Triomphe de Galathée, d'après Albane. Trois pièces. Belles épreuves.

BOILLY (d'après L.)

4 — La Dispute de la pose, par J. Eymar. Très belle épreuve, marge.

5 — Prélude de Nina, par A. Chaponnier. Très belle épreuve.

BOISSIEU (J.-J. DE)

6 — Les Pères du désert, — Saint-Jérome, — La Fête du village, — Les Grandes Vaches, — Les Moines au chœur, — Le Joueur de vielle, — Vieux Mendiant, etc. Huit pièces. Bonnes épreuves.

BOUCHER (d'après F.)

7 — L'Hymen et l'Amour, par Beauvarlet. Très belle épreuve.

8 — L'Oiseau privé, par F. Flipart. Belle épreuve.

BOUCHER (d'après F.)

9 — Le Soir, par Petit. Belle épreuve.

10 — Esope à la foire, gravé par Patas. Très belle épreuve, marge.

BOUTEMIE

11 — Les 'Mois de l'année. [Suite de douze pièces publiées chez Bonnart. Belles épreuves.

CALLOT (J.)

12 — Le Passage de la mer Rouge (M., 1). Belle épreuve du premier état.

CARICATURES ANGLAISES

13 — **Cruikshank**. A Swarm of english bees hiving in the Imperial Carriage !! —, Who Would have thought it !!! 1815. Coloriée.

14 — **Divers**. A french Elephant, — On Guard off. Guard Guarded, — Beau monde. Trois pièces coloriées.

15 — Notice to quit, or a will of her own, — Marchand ambulant, — Les Joueurs, — Measure for measure, — Champaign driving away real pain, — Pleasing pass time, — A New coat, — Living made easy, — A Country wedding. Neuf pièces coloriées, par Dighton, Hunt, Frost, Pyall et Parson.

16 — An exquisite taste an enlarged under standing, — Girl Where's your Master! — A Soaker or realcat of dog day, — L'amateur de Porter, etc. Cinq pièces par Hunt, d'après Lane. Coloriées.

17 — **Rowlandson**. Exhibition at bullocks Museum of Bonepartes carriage taken at Waterloo. Belle épreuve, avec marge. Coloriée.

CARICATURES ALLEMANDES

18 — Frankfurter armee in anmarsch nach Strassburg 1815, avec légende en allemand, — Hans Immerdurst hauptmann der tapfern Burtrinker Compagnie, — Frau Caffee Liesel Vorsteherin der Grossen caffee Schwestern societat. Trois pièces coloriées. Rares.

CARICATURES FRANÇAISES

19 — Musée grotesque. La Discussion, — Soirée amusante de la terrasse du jardin du Luxembourg, — Monsieur et Madame Denis avec leurs filles à la promenade, — Encore des Chinois. Quatre pièces coloriées, publiées chez Martinet et Basset.

20 — Mante anglo-française ou Lady forme et la misérable, — Costume anglo-français. Ah! quelle tournure, — Une loge grillée. Charlotte et Werter, — Le Vieux séducteur, — Au secours! Je tiens le piqueur, — Pique malin ou les singeries du jour, — Toujours des farces, Marchande de poisson, — Voilà le plaisir des Dames, voilà le plaisir, — On la tire aujourd'hui. Dix pièces lithographies. Coloriées.

21 — Caricatures parisiennes. Les Modernes, n° 2, — Le Premier pas d'un jeune officier cosaque au Palais Royal, — Ah! fi donc ou les avances en pure perte, — L'Amateur anglais à Paris, — L'Autrichien sentimental. Cinq pièces coloriées, publiées chez Martinet et Basset.

22 — Le Double piège, — Le Marché à la volaille, — La mère comme il y en a trop et la fille comme on en voit peu, — Le Bon Royaliste, — M. d'Argentcourt dans l'embarras du choix, — Le Nouvelliste sans argent, — Le Prétexte, — Marchand d'habits... vieux galons. Huit pièces coloriées, publiées chez Martinet.

23 — Aujourd'hui et Jadis, — En Angleterre on les croyait stériles, — Le Marchand de cannes, — Le Chat voleur. Quatre pièces lithographies coloriées, publiées chez Martinet.

CARICATURES FRANÇAISES

24 — Le Jeu de bascule, dédié aux royalistes, — Les trois routes, — Diplôme de cabaleur pour les élections, — Faits historiques, 1418 et 1792. Quatre pièces lithographies coloriées.

25 — Homme monarchique immobile 1re classe, — Mordieu ! une fois mon cautère fermé, gare à vous, — Les Etrennes, — Saute Marquis, — Le Départ du ventru, La Force de l'équilibre, — Il rit du côté droit et pleure du côté gauche, — La Grande Consultation. — Escamoteur, — Je m'en lave les mains, — Le Conservateur en mission ou le Paradis à l'encan, — Avant-garde missionnaire, — La France poursuivie par les bonnets rouges et les éteignoirs accompagnés de la discorde, — Club jésuitique, etc. Quinze pièces lithographies coloriées.

26 — Musée grotesque. Les Nouvellistes nos 1, 2, 3, 4, — Le bon genre. L'Emprunt mutuel, — Costumes français et uniformes anglais. Six pièces coloriées.

27 — Caricatures parisiennes. La famille des Jobards allant à la promenade, — Le Jeu des Sages, — Les Amateurs, — Modes du jour. La Bouillotte, — La longue Paume des Champs-Elysées, — Le Médecin aux urines, — Le Jeu du casse-cou dans le jardin de Tivoli, — Entrée au bal paré et masqué, — Le Jeu du tape-cu au jardin de Tivoli. Dix pièces coloriées. Rares.

28 — Le Goût du jour. Les Grisettes (11), — M. Poudret (31), — Garde à vous. Le Jour de Barbe (20), — Le suprême bon ton. Le Débiteur à la mode (6), — La Famille anglaise à Paris (11), — La Parisienne à Londres (12), — Le Boulevard de Gand à Paris (27), — Modes et Nouveautés, etc. Dix pièces coloriées publiées chez Martinet.

29 — Caricatures sur le roi Charles X en 1830. Neuf pièces coloriées.

CARICATURES FRANÇAISES

30 — Caricatures diverses lithographiées par Carle Vernet, Bouchot, etc. Douze pièces.

31 — Eclipse de lune, — Eclipse de soleil, — Rencontre d'Artistes, — Jeannot et Suzon, — Un médecin allant soigner ses malades, — La Nourrice de qualité, — Avis aux étrangers qui désirent se suicider en France, — Les Étrennes, — Bonne renommée vaut mieux que ceinture dorée, — La Cuisinière, — Nous vous acquittons !!! — Je le porte sur mes épaules. Treize pièces lithographiées en noir et coloriées.

32 — Caricatures sur Louis-Philippe, par Daumier, Philippon, etc. Vingt-neuf pièces.

33 — Caricatures sur Napoléon, publiées en Allemagne. Quatre pièces.

CHAM, DAUMIER et VERNIER

34 — Actualités. Soixante et onze pièces. Très belles épreuves.

CHARLET

35 — Infanterie légère française. Carabinier, — La Manie des armes, — Elle a le cœur français !.... l'Ancienne ! — Le Gamin éminemment et profondément national. Quatre pièces. Belles épreuves.

CHARLET et VERNET

36 — Sujets tirés d'albums et autres. Vingt-deux pièces.

CLAESSENS (L.-A.)

37 — Le Rieur, — Musiciens de village, — Vieillard, — Décollation de saint Jean, — Philosophe en méditation. Cinq pièces d'après Hals, Lelie, Brekelenkamp et Rembrandt.

COCHIN (C.-N.)

38 — Les Chats angola de Madame la marquise du Deffant. Très belle épreuve.

CORBOULD et WEDGWOOD (d'après)

39 — Deux suites de vignettes pour illustrer Paul et Virginie. Epreuves sur chine. Vingt et une pièces.

COSTUMES

40 — *Deveria*. Costumes de 1786 et 1792, — Costume d'un haut dignitaire au sacre du roi Charles X. Avant la lettre. Quatre pièces.

41 — *Divers*. Habit civil du citoyen français. Deux épreuves en noir et couleur, gravé par Denon, d'après David, — Costume du secrétaire d'État, — Costume des préfets. Deux pièces dessinées et gravées par Chataignier. — Costume des sous-préfets, — Commandant en chef, — Général de division, — Chef de brigade. Publiés chez Jean. Huit pièces.

42 — *Divers*. Costumes de l'Empereur à son sacre et des fonctionnaires de l'Empire. Quatorze pièces coloriées. — Costumes du sacre de Louis XVI. Huit pièces gravées par Patas, dont trois avant la lettre et une à l'eau-forte. En tout vingt-deux pièces.

43 — Costume français, n° 71 de la suite. A Paris, chez Chéreau. En couleur.

DAULLÉ (J.)

44 — Madame Favart dans le rôle de Bastienne, d'après C. Vanloo. In-fol. Très belle épreuve.

DEBUCOURT (P.-L.)

45 — Le Soldat français. — La Vivandière. Deux pièces faisant pendants. Très belles épreuves avant la lettre (lettres tracées).

DEBUCOURT (P.-L.)

46 — Les Aveugles, d'après C. Vernet, en couleur. Très belle épreuve, marge.

47 — Rencontre d'officiers anglais, — Adieux d'un Russe à une Parisienne. Deux pièces en couleur d'après Vernet. Belles épreuves.

48 — Promenade anglaise, d'après C. Vernet, en couleur. Belle épreuve, toute marge.

49 — Le Modèle à barbe, d'après C. Vernet, en couleur. Très belle épreuve.

50 — La Marchande de saucisses, d'après C. Vernet. Très rare épreuve avant toute lettre.

51 — Les Amateurs de plafonds au Salon, d'après C. Vernet, en couleur. Belle épreuve, marge.

DECAMPS

52 — L'An de grâce 1840. Belle épreuve.

DESENNE (d'après)

53 — Neuf vignettes in-8 pour Gil-Blas. Épreuves avant la lettre.

DESRAIS (d'après C. H.)

54 — La Triple Yvresse, — Le double engagement. Deux pièces faisant pendants. Superbes épreuves, toutes marges.

DIVERS

55 — Estampes variées et pièces satyriques françaises et italiennes. Seize pièces.

56 — Paysages, fêtes et sujets de chasse, d'après Rigaud, Wouvermans, Teniers, Vernet, etc.

57 — Eaux-fortes et estampes diverses, par Ribera, Foulquier, Goltzius, de Non, Caylus, de Frey, etc. Onze pièces.

DIVERS

58 — Portraits de poètes et personnages célèbres, publiés par Ménard et Desenne. Vingt-neuf pièces, en partie avant la lettre.

59 — Vignettes d'après Desenne, Prud'hon, Monsiau, Desrais, Moreau, Eisen, etc. Trente-trois pièces.

DROLLING (d'après)

60 — Le Chapeau, — Le Vieillard. Deux pièces gravées par Perdriau, une est imprimée en couleur.

ÉCOLE ANCIENNE

61 — Estampes diverses par Bolswert, Mellan, M. Lasne, de Poilly, Callot, de Frey, Subleyras, etc. Quinze pièces.

62 — Eaux-fortes par et d'après Diétricy, Rembrandt, Norblin, Durer, etc. Trente pièces.

63 — Estampes diverses par J. de Gheyn, Cochin, Callot. Cinquante-quatre pièces. Belles épreuves.

ÉCOLE HOLLANDAISE

64 — Composition d'après Schalken, Teniers, Ostade, Rembrandt, Wantol. Eaux-fortes originales par Ostade, etc. Dix-sept pièces.

ÉCOLE FRANÇAISE DU XVIIIᵉ SIÈCLE

65 — Le Galant Militaire, — La Jolie Blanchisseuse, — Portrait de jeune fille. Trois pièces en couleur. Rares.

66 — Ce qui est bon à prendre est bon à garder, — Bal de May, — Vertumne et Pomone, — L'Amour châtié, etc. Sept pièces d'après Huet, Slodtz, Marot, Nattier et Coypel.

67 — Petites compositions pour dessus de tabatières, d'après Corrège, Rosalba, Jeaurat et Vleughels. Quatre pièces

ÉCOLE FRANÇAISE DU XVIIIe SIÈCLE

68 — Estampes variées d'après Leprince, Danloux, Houel, Greuze, Wille, Watteau, Lhoutherbourg, Gillot et Drolling. Quinze pièces.

69 — Sous ce numéro il sera vendu vingt-cinq estampes, d'après Fragonard, Ostade, Jordaens, Borel, Freudeberg, Le Barbier, Wille fils, Loutherbourg, Mme Vigée Lebrun, Desportes, Oudry, Watteau, Dietricy, etc. Épreuves de tirage postérieur.

EDELINCK (G.)

70 — *Poisson* (Raimond), comédien, d'après Netscher (R. D., 299). Bonne épreuve.

FLINCK (d'après)

71 — Le Gâteau des Rois. Superbe épreuve avant toute lettre.

FRAGONARD (d'après H.)

72 — Spirat adhuc amor, par le comte de Paroy. Très belle épreuve imprimée en bistre.

73 — Groupes d'amours. Deux compositions pour plafonds, gravées par Saint-Non. Très belles épreuves.

GARNEREY (d'après)

74 — Costumes de fonctionnaires sous le Directoire. Vingt-six pièces gravées en couleur par Alix. Très belles épreuves, toutes marges.

GAVARD (publié par)

75 — Portraits de personnages célèbres, tirés des Galeries de Versailles et Aguado. Quarante-deux pièces.

GEILLE et MIGER

76 — *Lafayette*. — *Masséna*. Deux portraits in-fol. Belles épreuves.

GRAVELOT (d'après H.)

77 — Vue des eaux de Brunoy, gravé par Choffard, 1763. Belle épreuve.

GREUZE (d'après J.-B.)

78 — La Cruche cassée, par Massard. Bonne épreuve.

79 — Jeune fille pensive, — La Vertu chancelante. Deux pièces gravées par Ingouf et Massard. Belles épreuves.

80 — La Vraie mère, par Voyez. Très belle épreuve. Rare.

GUÉRIN (d'après)

81 — Buonaparte, — Kléber, — Regnier, — Ferino. Quatre portraits in-fol. gravés par Fiésinger et Elisabeth Erhan. Très belles épreuves, marges.

HAID (J.-G.)

82 — Le Trompette en attente de ses dépêches, d'après F. Miéris. Très belle épreuve, marge.

HETVER

83 — Petite maîtresse anglaise pinçant de la guitare. Belle épreuve.

HODGES

84 — *Pichegru* (le Général). In-fol. en manière noire. Très belle épreuve, marge.

HOPNER (d'après)

85 — Love enamoured, gravé par W. Tomkins. Très belle épreuve, marge.

HUBERT

86 — Honny soit qui mal y voit, — Honny soit qui mal y pense. Deux pièces faisant pendants, d'après Ph. Carême. Très belles épreuves.

HUET (d'après J.-B.)

87 — La Chute de la laitière. Jolie pièce imprimée en bistre. Rare.

INCROYABLES

88 — Faites la paix, — C'est inconcevable, tu n'es pas reconnaissable, — C'est mon valet Lafleur. Trois pièces gravées en réduction et imprimées en sanguine.

INGOUF

89 — Le Portrait de Gerard Dow, d'après lui-même. Bonne épreuve.

JANINET (F.)

90 — Les Nourrices, d'après Boucher. Très belle épreuve, marge.

LAGRENÉE (d'après L.)

91 — Education de l'Amour, — Punition de l'Amour. Suite de quatre pièces gravées par Bouillard. Bonnes épreuves.

LANCRET (d'après)

92 — Le Faucon, par de Larmessin. Belle épreuve avant l'adresse de Buldet.

LANTARA (d'après)

93 — Profitons du moment, — Le Mal sans remède. Deux pièces faisant pendants, gravées par Elvine Claris. Belles épreuves.

LE BAS

94 — 4ᵉ fête flamande, d'après Teniers. Belle épreuve.

LE BEL (d'après)

95 — Le Coup de Vent, — La voilà prise. Deux pièces faisant pendants, gravées par Girardet et Niquet.

LE PRINCE (d'après)

96 — L'Epagneul favori, gravé en couleur par Ligé. Belle épreuve.

LEROY (d'après)

97 — Coucou, par Beljambe. Très belle épreuve.

MARADAN

98 — *Macdonald*, Maréchal de France, d'après Ursule Boze. In-fol. en pied. Belle épreuve.

MARTINET et AUBRY (d'après)

99 — Portraits des principaux Généraux de l'Empire : Montholon, — Foy, — Junot, — Kellermann, — Lefèvre, — Moncey, — Bessières, — Boyer, — Bernadotte, — Mortier, — Pérignon, — Vandamme, — Victor, — Desaix, — Gouvion-Saint-Cyr,— Grouchy,— Lannes, — Lasalle, — Macdonald,— Masséna,— Brune,— Soult, — Drouot, — Oudinot, — Bertrand, — Le Colonel Fabvier, — Carnot,— Ney,—Berthier,—Le Marquis de Lauriston. Trente portraits in-fol. en pied gravés par Charon. Très belles épreuves, toutes marges.

MASSARD

100 — Erigone, d'après W. Mieris. Très belle épreuve avant la dédicace.

MATHAM, GALLE et SADELER

101 — L'enfant prodigue dissipant son bien, d'après P. Van Ryck (B., 196), — Judith coupant la tête d'Holopherne, d'après Rubens. — Saint Antoine, — Sainte Famille. Quatre pièces. Très belles épreuves.

NOEL (a Paris, chez)

102 — Folies de Carnaval. Belle épreuve.

PARIZEAU (Ph.-L.)

103 — Jeu d'enfant, — Sacrifice aux Grâces. Deux pièces d'après De la Rue, imprimées en bistre. Belles épreuves.

PERELLE

104 — Vues des belles maisons de France, dessinées et gravées par Perelle. A Paris, chez N. Langlois, s. d. In-4, obl. veau marbré. Très bel exemplaire contenant 284 planches sur 244 feuilles.

PIÈCES HISTORIQUES

105 — Charles-Philippe d'Artois sortant de la cour des aides de Paris, le 17 août 1787, — Séance extraordinaire tenue par Louis XVI, au Palais, le 19 novembre 1787, gravées par Niquet, d'après Meunier, — Chalier partant de sa prison pour aller au supplice, gravé par Marchand, d'après Carpentier, — Le Porte drapeau de la fête civique, gravé par Copia, d'après Boilly. Quatre pièces.

106 — 1re attaque de la Bastille prise d'assaut en trois heures de temps, le 14 juillet 1789, gravé en couleur par Guyot, d'après Cornu, — Siège de la Bastille du 14 juillet 1789, dessiné d'après nature et gravé par G. Deux pièces. Belles épreuves.

107 — Projet d'un monument pour consacrer la Révolution, dessiné par Meunier, d'après Gatteaux, et gravé par Sellier, en 1790. Rare.

108 — Action du 6 novembre 1792, — Bataille dans les bois de Flana, sur la gauche de Jemmapes, près Mons : champ de bataille gagné par les Français sur les Autrichiens. Pièce gravée en couleur dans le genre de Sergent. Superbe épreuve avec marge. Rare.

109 — Confédération des Français à Paris, l'an 2me de la liberté, dessiné et gravé par Gentot. Belle épreuve. Rare.

110 — Cocarde royale et de la liberté, aux couleurs distinctives de l'hôtel de ville de Paris, avec le texte par Ferat. Rare.

PIÈCES HISTORIQUES

111 — La France républicaine ouvrant son sein à tous les Français, gravé par Clément, d'après Boizot, — La Liberté, patronne des Français. Chez Villeneuve, en couleur. Deux pièces. Belles épreuves.

112 — Collection des Papiers — Monnoyes qui ont eu cours depuis l'époque de la Révolution française, publié le 1er septembre 1796. Chez Bance. In-fol. trompe-l'œil. — A la gloire des armées françaises, — Campagne de 70 jours. An XIV, 1805. Deux pièces. Rares.

113 — Bara ou simulacre de l'Assomption de la Vierge célébrée tous les ans le 15 d'Aoust à Messine, dess. et gravé par Houel, en bistre. Très belle épreuve. Rare.

114 — Fêtes du sacre de Napoléon, d'après Isabey, gravées par Malbeste, Delignon, Delvaux, Dupréel, Simonet et Dequevauviller. Six pièces in-fol. Très rares épreuves avant la lettre.

115 — Vue de la grande parade passée par le premier consul dans la cour du Palais des Tuileries, gravé par Le Beau, d'après Desrais, — Départ du Roi, le 19 mars 1815, — Retour de Bonaparte. Trois pièces.

116 — Départ du Roi le 20 mars 1815, — Retour du Roi, le 8 juillet 1815. Deux pièces gravées par Alix, d'après Martinet. Belles épreuves.

117 — Enlèvement de la statue de Napoléon Ier de la colonne Vendôme, 1815. Grande pièce en largeur attribuée à Marlet. Superbe épreuve avant toute lettre. Rare.

118 — Calendrier Napoléon, pour l'an 1822, en deux feuilles avec vignettes. Rare.

119 — Vue de l'église métropolitaine de Reims, prise à l'occasion du sacre de Sa Majesté Charles X, 28 juillet 1840, — Funérailles de l'Empereur, — 1re revue de la garde nationale de Paris, par Louis-Philippe Ier au Champ de Mars, le 29 août 1830. Quatre pièces.

— 17 —

PORPORATI

120 — Le Bain de Léda, d'après le Corrège. Belle épreuve, marge.

121 — Le Coucher, d'après Vanloo. Superbe épreuve avant la lettre, encadrée.

PRADIER, LAUGIER et BLOT

122 — Psyché et l'Amour, d'après Gerard, — Héro et Léandre, d'après Delorme, — Le Jugement de Pâris, d'après Vanderwerf. Trois pièces. Belles épreuves.

RAFFET

123 — Analyse de la pensée et sujets d'albums. Six pièces.

RAMBERG

124 — Accident funeste arrivé à une vivandière, dans le pays de Hanovre, pendant le passage des troupes françaises. Pièce rare, coloriée.

REGNAULT (N.-F.)

125 — Ah, s'il s'éveillait ! — Dors, Dors... Deux pièces faisant pendants. Très belles épreuves.

RIGAUD (J.)

126 — Représentations des actions les plus considérables du siège d'une place. Suite de six pièces. Très belles épreuves, marges.

ROMANET et PROT

127 — Vénus au bain, d'après Humbelot, — l'Amour envolé. Deux pièces. Très belles épreuves avant la lettre.

SAINT-AUBIN (Aug. de)

128 — C'est ici les différents jeux des petits polissons de Paris. Suite de six pièces avec grandes marges.

129 — Jupiter et Léda, d'après Paul Véronèse. Belle épreuve.

SAINT-QUENTIN (d'après)

130 — La Coquette de village, par Anselin. Très belle épreuve, marge.

SCHENAU ET LE PRINCE (d'après)

131 — La Méditation, — Les Intrigues amoureuses, — Carême prenant, — Le Marchand de lunettes. Quatre pièces gravées par Gaillard, Halbou, Voyez et Helman.

SICARDI (d'après)

132 — L'Amour et le Papillon. Epreuve avant la lettre, toute marge.

VERNET (d'après C.)

133 — Le Départ au galop, — Mameluk montant à cheval, — Cheval arabe de Mameluk. Trois pièces gravées par Darcis, Debucourt et Coqueret. Très belles épreuves.

134 — Les Ennuyés chez eux, Intérieur du café Procope, gravé par Commarieux. Belle épreuve avant la lettre, toute marge.

135 — Les Incroyables, par Darcis. Belle épreuve imprimée en couleur.

VINCENT (d'après)

136 — Ah! s'il y voyait!... par Commarieux. Belle épreuve, coloriée.

VOYSARD (E.)

137 — Les Désirs, d'après S. V. Très belle épreuve, toute marge.

VUES DE PARIS ET CHATEAUX DE FRANCE

138 — **Berthault.** Vue intérieure de Paris, représentant le port Saint-Paul, prise du quai des Ormes vis-à-vis l'ancien Bureau des Coches d'eau, d'après l'Espinasse. Belle épreuve.

VUES DE PARIS et CHATEAUX DE FRANCE

139 — **Divers.** Vue du Palais impérial, — Vue du château des Tuileries, côté du jardin, — Vue intérieure de la galerie de pierre, du coté de l'Est, — Place de Louis XV, — Vue du pont de la Concorde, — Le Louvre, — Parc Monceau, etc. Douze pièces par Garbiza, Hedouin, Moreau, Marot, La Belle, etc.

140 — Vue du Château d'eau, — Vue et plan de la Bastille, — Portail de Saint-Etienne du Mont, — Ancien hôtel des archevêques de Paris, — Palais de Justice, — Eglise Notre-Dame, — Place du Châtelet, — Arc de triomphe de l'Etoile, — Château de Versailles, etc., etc. Seize pièces par Gudin, Schmit, Chapuy, Van-Marcke, Berthoud, Arnout, Lemaître, etc.

141 — Vue du pont des Tombeaux, Jardins de Monceaux, — Vue de l'Ecole militaire, — Vue et perspective du Palais-Royal du côté du jardin, — Galerie d'Orléans, — Vue du Jardin du Palais-Royal près de la Rotonde, — Vue de la Pompe à feu, — Vue générale du Pont-Neuf, — Vue de la Salpétrière, — Vue du pont de la Tournelle, de l'Isle Saint-Louis, de l'Ile Louvier et d'une partie du quai Saint-Bernard. Neuf pièces par Carmontelle, Choufourier, Gilio, Hedouin, Lallemand, Gnillion, Savard, La Combe, etc. Belles épreuves.

142 — Vue d'optique nous représentant la foire Saint-Ovide, qui se tient dans la place Vendôme à Paris. Rare.

143 — **Perelle.** Vues de Paris et des plus beaux châteaux de France. Quarante-quatre pièces. Très belles épreuves.

144 — **Rigaud.** Vues des châteaux et parcs de Marly, Versailles, Trianon, Saint-Cyr, etc. Vingt et une pièces. Superbes et anciennes épreuves, toutes marges.

145 — Vues des châteaux et parcs de Chantilly, Choisy, Maisons, Belle-Vue, Berni, Monceaux, Sceaux, Fontainebleau, Marly, Versailles, Clagny, Meudon et Blois. Vingt-six pièces. Epreuves anciennes, coloriées.

VUES DE PARIS et CHATEAUX DE FRANCE

146 — **Sergent, Testard et Durand.** Petites vues de monuments de Paris, gravées en couleur par Roger, Le Campion, Guyot et Janinet. Neuf pièces. Très belles épreuves.

147 — **Silvestre** (Israël). Notre-Dame, — Maison de Mme de Bretonvilliers, — Hostel Saint-Paul. — Eglise Saint-Martin des Champs, — Galerie du Louvre, — Pavillon des Tuileries, — La Tour de Nesles et l'Hostel de Nevers, — Le Grand Chastelet, — Château de Vincennes, etc. Onze pièces. Très belles épreuves.

148 — **Soufflot** (d'après). Vues intérieure et extérieure du Panthéon. Deux pièces. Très belles épreuves, marges.

WARD (W.)

149 — Louisa, — Thoughts on matrimony, d'après Smith. Deux pièces faisant pendants, imp imées en couleur. Superbes épreuves. Rares.

WOCHER (M.)

150 — Bildnis des bekanten Sch tteuseps auf geis, im canton Appenzell. In-4 en couleur. Très belle épreuve.

WILLE (J.-G.)

151 — La mort de Marc-Antoine, d'après Battoni. Belle épreuve.

152 — Gazettière hollandaise, d'après Terburg, — La Cuisinière hollandaise, d'après Metzu, — La Ménagère hollandaise, d'après G. Dow, — Bons amis, d'après Ostade, — Tante de Gérard Dow, — Bonne femme de Normandie, — Sœur de la Bonne femme de Normandie, d'après Wille fils. Sept pièces.

WILLE et CAZENAVE

153 — Petit Waux-hall, — L'épouse fidèle. Deux pièces. Belles épreuves.

Imp. D. Dumoulin et Ce, à Paris.

www.ingramcontent.com/pod-product-compliance
Lightning Source LLC
Chambersburg PA
CBHW070500080426
42451CB00025B/2964